LE

GRAND-BOURG-DE-SALAGNAC

AMBON DU GRAND-BOURG DE SALLAGNAC

LE

GRAND-BOURG-DE-SALAGNAC

(CREUSE)

PAR

P. DE CESSAC

CORRESPONDANT DU MINISTÈRE DE L'INSTRUCTION PUBLIQUE POUR LES TRAVAUX HISTORIQUE

CHATEAUROUX

TYPOGRAPHIE ET STÉRÉOTYPIE A. NURET ET FILS

72, RUE GRANDE, 72

—

1879

[illegible]

[illegible]

[illegible]

[illegible]

LE

GRAND-BOURG-DE-SALAGNAC

CREUSE

E Grand-Bourg-de-Salagnac (*Parochia sancti Stephani Salanniacensis*, 1070 ; *Salaniacum*, 1080, 1277 ; *Sallaigniacum*, 1122 ; *Villa burgi Salaniaic*, 1230 ; le Bourg-de-Salagnac, XVIIe siècle ; le Grand-Bourg-de-Salagnac, fin du XVIIIe siècle), était avant 1789, de la province du Limousin, de l'archiprêtré de Bénévent, du présidial et de la sénéchaussée de Limoges. Aujourd'hui c'est un chef-lieu de canton de l'arrondissement de Guéret, département de la Creuse.

Deux localités voisines portent ce nom de Salagnac. L'une placée sur la rive droite de la Gartempe avait pour centre le *château de Salagnac* maintenant en ruines [1]. L'autre sur la rive gauche, à deux kilomètres en amont de la première, est le chef-lieu de la paroisse. Une vieille borne encore debout plantée sur le bord de la rivière au pied d'un pont du moyen âge que j'ai vu détruire en

---

1. P. de Cessac, *Notice sur le château de Salagnac.* Compte-rendu du congrès arch. de France, en 1865. Guéret, Dugenest, p. 44.

1847, servait de limite à ces deux seigneuries distinctes jusqu'en 1619.

Le Bourg-de-Salagnac a fourni à mes recherches quelques rares débris des temps préhistoriques : couteaux et pointes de flèche en silex ; la paroisse : des haches de pierre, un tumulus, des souterrains-refuge avec mobilier de l'âge de pierre, etc. [1].

Sous la domination romaine, on y voyait une *villa* que la route de Fursac a rencontrée près des dernières maisons et en partie détruite [2]. C'était peut-être là qu'habitait ce CARIGO dont nous verrons bientôt le cippe funéraire servir de base à l'autel de l'église de Saint-Léobon.

Historiquement, cette localité est connue depuis l'an 761. A cette date, le roi Pepin donnait à la basilique de Saint-Étienne de Limoges l'église de..... avec tout ce qui en dépendait [3]. Dom Estiennot, qui nous a conservé ce diplôme, n'a pas lu le nom de cette église, mais nous le trouvons dans la chronique d'Adhémar de Chabannes : Pepin donna aux chanoines de Saint-Étienne de Limoges le village appelé Salagnac [4].

La paroisse du Bourg-de-Salagnac l'une des plus vastes du département de la Creuse, était encore plus étendue à

---

1. *Bull. monumental*, t. XXXVIII, p. 142.

2. *Mém. Soc. des sc. nat. et arch. de la Creuse,* t. III, p. 325.

3. Bibl. nat., St-Germain, latin, 561, t. II, p. 143. Cette charte a été publiée par Bonn. de St-Amable, *Hist. de saint Martial,* in-folio, t. II, p. 239 et M. l'abbé Arbellot, *Vie de saint Léonard,* p. 310. La *Gallia christiana,* t. II, p. 609, conteste cette tradition rapportée par tous les chroniqueurs limousins et attribue cette donation à Pépin d'Aquitaine, fils de Louis le Pieux.

4. Labbe, Bibl. mss., t. II, p. 157.

l'origine, car c'est sur son territoire, en un lieu appelé Segundelas que l'abbaye de Bénévent fut fondée en 1028. Jourdain, évêque de Limoges, mort en 1051, transporta cette fondation non loin de là, à Segundeletas sur cette même paroisse. Son nom moderne lui vint de ce que, pendant la consécration de son église, l'évêque reçut des reliques de l'apôtre saint Barthélemy, rapportées de Bénévent en Italie [1].

Plus récemment on la démembra encore pour établir celle de Lizières. Le 5 juin 1493, la cathédrale de Limoges permit au curé de Salanhac de bâtir l'église de Eyglayères dépendante de l'église du Bourg. En 1746, on y plaçait un desservant [2], un acte de naissance des registres paroissiaux de Bénévent du 16 novembre 1746, contient la mention suivante qui constate cette érection de paroisse : parain Martial Cadillon, de la paroisse Desglisières, démembrée despuis peu du bourg de Sallaignat [3].

Les fonctions curiales du Bourg-de-Salagnac furent longtemps remplies par un chanoine de Limoges. Nous rencontrerons bientôt au fond du transept nord de l'église paroissiale la statue tumulaire de Maître G., curé de Salagnac et chanoine de Limoges, mort le 13 des calendes de décembre 1277.

L'abbé Legros, dans sa liste des doyens de la Chapelle-Taillefert, chapitre transféré à Guéret par arrêté du conseil d'État en date du 22 novembre 1762, donne le nom

---

1. Bernardus Guidonis, Labbe, *loc. cit.*, t. I, p. 638. Bénévent est aujourd'hui une petite ville, chef-lieu de canton du département de la Creuse.

2. Pouillé Ms. du diocèse de Limoges, au grand séminaire de cette ville, aux mots *Bourg de Salanhac* et *Lizières*.

3. Reg. des baptêmes, etc., de Bénévent, aux archives de cette ville.

de noble Louis de Saint Marc, chanoine de la cathédrale de Limoges, doyen du chapitre de la Chapelle Taillefert, parrain à la consécration de l'église des Dominicains de Limoges, le 11 juillet 1389, qui était déjà doyen et curé du bourg de Salagnac en 1386 et mourut en 1405 [1].

Plus tard nous trouvons cette cure occupée par un prêtre séculier ce que prouve le passage suivant du Pouillé de Nadaud : « Le bourg de Salanhac, curé, évêque conféra 1587 et 1703. — Aquilaire de la cathédrale nomma et le chapitre conféra de 1505 à 1741 [2]. »

En 1790, dans « l'état des revenus et charges de la cure et communauté du Grand-Bourg-de-Salagnac, district de la Sousterraine, diocèse et département de la Creuse, » Jean-Baptiste-Martial Juge, prêtre gradué et curé de l'église paroissiale de Notre-Dame du Bourg-de-Salagnac et de Saint-Jean-Baptiste de Lizières, déclare que le chapitre de la cathédrale de l'église de Limoges est collateur et curé primitif de cette cure où il y a une annexe sous le nom et invocation de Saint-Jean-Baptiste de Lizières, de laquelle M. Joseph Farne est vicaire desservant [3].

La communauté de prêtres dont parle l'abbé Juge, existait en 1564 et même dès 1497.

Malgré la fertilité de son sol, son heureuse situation dans une vallée, près d'une rivière, et les maisons puissantes qui avaient leurs seigneuries dans sa circonscription paroissiale, le Grand-Bourg-de-Salagnac n'a joué

1. *Mémorial adm. de la Creuse,* 1re année, n° du 28 juillet 1810.

2. Nadaud, *loc. cit.*

3. Archives de la Creuse, fonds de la cure du Grand-Bourg-de-Salagnac.

aucun rôle dans l'histoire du pays. A peine rencontre-
t-on son nom dans les documents concernant la province
et les faits qu'ils rapportent sont du plus mince intérêt.

Le premier détail consigné dans les chroniques est fort
obscur : «L'an de grâce 1199, mourut le roi Richard (Cœur
de Lion)... beaucoup de villes furent assiégées, savoir la
cité de Limoges, Sainte-Gemme, Nontron, Noalas, Chalus-
Chabrol, Hautefort, Saint-Magri, Aubusson, SALANAC,
Cluys, Brive, Aigurande, Sainte-Livrade, Piégut [1]. »
Bernard Itier, qui nous donne ce détail, ne nous dit ni
par qui, ni dans quelle circonstance eurent lieu ces divers
sièges. Bonnaventure de Saint-Amable conjecture que
ce fut à l'occasion de quelque guerre entre le comte de la
Marche et le vicomte de Limoges [2].

Une seconde note attribuée par Dom Estiennot à Itier
et insérée par Labbe à la suite de la chronique de Geoffroy
du Vigeois, ajoute au récit de la mort de Richard arrivée
le douzième jour après la blessure qu'il reçut au siège de
Châlus-Chabrol, en Limousin : « Pendant qu'il était ma-
lade, il avait donné l'ordre à ses soldats d'assiéger le
château d'Adémar, qu'on appelle Nontron et un autre fort
qu'on appelle Piégut ; ce qu'ils firent. Mais ayant appris la
mort du roi ils se retirèrent confus. Le roi avait formé
dans son cœur le dessein de détruire tous les châteaux et
les forteresses du susdit vicomte de Limoges [3]. » Nontron
et Piégut se retrouvent dans la nomenclature des lieux

1. *Chroniques de saint Martial de Limoges*, édit. de la Soc. de l'hist.
de France, p. 66.

2. *Hist. de saint Martial*, t. III, p. 523, in-folio.

3. Labbe, Bibl. lib. mss., t. II, p. 342. Passage traduit par M. l'abbé
Arbellot, sur le texte corrigé d'après deux mss., de la bibl. nat. Bull.
Soc. arch. du Limousin, t. XXVI, p. 168.

assiégés, donnée dans le précédent passage. Doit-on en conclure que tous eurent à soutenir l'attaque des Anglais ? Le texte est trop vague et trop incomplet. Ce que l'on sait seulement c'est que le bourg de Salagnac fut assiégé cette année-là et encore s'agit-il peut-être non du bourg mais du château de Salagnac.

Pierre de Jarrige, bourgeois de Saint-Yrieix, en Limousin, raconte dans son journal que le duc des Deux-Ponts dévasta sur son passage, entre autres églises, celle du bourg de Salagnac [1]. Joullietton, d'après un procès-verbal des dégâts commis, prétend qu'il se borna à brûler les titres et papiers conservés dans le trésor de l'église [2].

Parti d'Allemagne en février 1569, Wolfgand de Bavière avait rapidement marché à travers la Bourgogne, le Nivernais et le Berri sur le Limousin et l'Angoumois ; il allait dégager Coligny, pressé par l'armée du duc d'Anjou. Ce dernier, menacé d'être enfermé entre les deux armées, se replia sur la Vienne, puis sur la Creuse et vint camper entre Preuilly et Le Blanc, en Berri, au moment où le duc des Deux-Ponts entrait dans cette dernière ville. Inférieur en nombre, Wolfgand se hâta de continuer sa route et fut suivi par le duc d'Anjou auquel venaient de se joindre, sur les bords de la Creuse, les ducs d'Aumale et de Nemours. « Les deux armées catholiques, de Saint-Gauthier vinrent à Saint-Benoit-du-Sault, et, près du château de Saint-Germain [3], furent quelques protestants chargés. L'armée s'achemina à la Sousterraine où elle fut mal accomodée, d'illec tira à Limoges et fut la reine

---

1. *Bull. Soc. arch. du Limousin*, année 1853.

2. *Hist. de la Marche*, t. I, p. 325.

3. Saint-Germain-Beaupré, canton de la Souterraine (Creuse).

coucher au chasteau de Villefavard [1]. » Dans cette marche
sur Limoges qui s'effectua, d'après le P. Bonnaventure [2],
par Saint-Pardoux-Rancon et Couzeix, cette armée dut
éviter le bourg de Salagnac et prendre plus à l'ouest.
Malgré la mort du duc des Deux-Ponts, qui succomba à
Néxon, en Limousin, le 11 juin 1569, des suites d'un excès
de table, peu de jours après son passage au bourg de
Salagnac et le lendemain même de sa jonction avec Coligny, les catholiques furent défaits le 25 juin à la bataille
de la Roche-l'Abeille.

En 1618, Jean Tiercelin, seigneur de la Chapelle-Ba-
louë [3], maréchal des camps et armées du Roi, dans une
rixe avec les habitants pour le logement de sa troupe,
brûla quelques maisons et fit périr beaucoup de monde.
Ce malheureux événement nous est connu par la lettre
suivante qu'il écrivit à son beau-frère, Gabriel Foucaud,
seigneur de Saint-Germain-Beaupré, chevalier de l'ordre
du roi et gouverneur de la Marche. « Monsieur mon
frère, assuré de votre amitié et certain de votre pouvoir
auprès de M. Descure qui donne les départements de
troupes, j'ai pensé qu'en une occasion qui m'est survenue,
vous auriez agréable de vous employer pour faire avoir
un département au bourg de Salagnac et afin de vous
avertir de ce qui s'est passé et qui m'oblige à désirer
avoir le logement et vous supplier de conduire cette
affaire comme jugerez bon pour moi.

» Vous saurez que ayant reçu commandement de joindre mon régiment aux troupes de Mons le maréchal de

---

1. Mss. de Robert du Dorat, apud D. Fonteneau, t. 45, p. 137.

2. *Hist. de saint Martial*, t. III, p. 788.

3. Chapelle Balouë, commune, canton de la Souterraine, Creuse.

Thémines, mon chemin étant de passer à Salagnac, le logement m'étant contesté par les habitants, j'ai été contraint de loger par force. On a perdu beaucoup d'hommes et s'est fait aussi quelque perte de maisons; et pour ne demeurer embarrassé en cette affaire, ai cru qu'il étoit nécessaire d'obtenir pour moi ce que je vous demande [1]. »

Au commencement du mois d'avril 1652, le prince de Condé, battu par le comte d'Harcourt, quitta la Guyenne et vint passer en Limousin vers Laurière, avec quelques quinze chevaux, puis de là tira à Bénévent et au bourg de Salagnac pour s'aller joindre à l'armée du duc de Beaufort vers la rivière de Loire [2].

En 1732, le 18 octobre, des compagnies du régiment de Rozans, Royal-Allemand, furent cantonnées au bourg de Salagnac, à Bénévent, Saint-Vaury, La Souterraine, Bellac et Châteauponsac, à cause des faux sauniers qui ravageaient le pays. Les troupes de passage étaient logées chez l'habitant, celles qui tenaient garnison furent à Bénévent « cazernées dans trois maisons qui furent garnies par les habitants de laditte ville et paroisse suivant le roolle ou chaque particulier fournissait ce qu'il avoit été cottizé audit roole conformément à l'état fourni par M. de Rochebrune, à Limoges, inspecteur des troupes [3]. » Il dut en être de même pour celles qui furent placées au bourg de Salagnac.

A l'organisation de la féodalité, ce bourg devint un centre féodal. De lui releva le monastère de Bénévent,

---

1. Abbé Ratier, *Le château de Saint-Germain-Beaupré*, 1862, p. 99.

2. Mss. Robert, dom Fonteneau, t. XXIX. Bibl. de Poitiers.

3. Nota de Landon, chanoine et curé de Bénévent, dans les registres des bapt., etc. de cette ville, année 1732.

comme nous l'apprend une charte publiée par la *Gallia christiana* que ses auteurs placent vers 1073 et que Nadaud dit de 1080 [1]. Aussi voyons-nous Jean de Leyrits le 23 juillet 1377, Louis Foucault de Saint-Germain-Beaupré en 1424, rendre aux chanoines de Saint-Étienne de Limoges, l'hommage temporel. Un acte passé en 1612 entre ce chapitre et l'*abbé* de Bénévent — car Louis Foucault avait obtenu le 14 décembre 1458 une bulle qui érigeait son prieuré en abbaye — porte que l'abbé doit mettre une fois par an, si on l'exige, entre les mains des députés des chanoines en signe d'hommage, les clefs du monastère qui seront immédiatement rendues et payer une rente annuelle de cent sous [2].

D'eux relevait aussi le château de Salagnac. En 1619, cette seigneurie étant « tombée en décret, Messieurs les chanoines de l'église de Saint-Étienne de Limoges, se la retinrent par droit féodal » et la réunirent à leur seigneurie du bourg de Salagnac [3].

Diverses chartes du cartulaire de l'église de Limoges, aujourd'hui perdu, mais dont il existe des extraits, font connaître des donations faites au chapitre de Saint-Étienne de Limoges, dans la directe du bourg de Salagnac.

Il ne reste aucune trace de l'église dont il est parlé dans la donation de Pépin, ni de celles qui durent lui succéder et qu'on trouve mentionnées dans quelques documents. Elles étaient dédiées à saint Étienne comme la cathédrale de Limoges, de qui elles dépendaient. Celle

---

1. Voir le texte rectifié de cette charte d'après l'original par Nadaud, dans Roy de Pierrefitte, Monastères du Limousin et de la Marche, Bénévent, page 10.

2. *Ibid.*, p. 16.

3. Anciennes archives du château de Cessac.

qui existe aujourd'hui est sous le vocable de la sainte Vierge et de saint Léobon.

Cette église paroissiale est bâtie en pierres de granit, de grand appareil. Ses proportions sont belles, sa forme est celle d'une croix latine à nef unique divisée en cinq travées. Sa voûte ogivale est sur arcs doubleaux et nervures rondes retombant sur des colonnes groupées par trois et coiffées d'un chapiteau orné de feuillages. Les baies sont à plein cintre, longues, étroites, entourées par une moulure à l'intérieur et à l'extérieur. Son chevet plat est percé de trois fenêtres dont celle du milieu est plus élevée. A l'intérieur une corniche fait le tour de cette église au-dessous des baies, en cerclant au passage les colonnes engagées. Au dehors une ceinture de modillons supporte la corniche qui rampe sous le toit.

Le portail est placé au fond de la nef sur le côté nord. Il est décoré de voussures ogivales en retraite, supportées par des colonnettes à chapiteaux couverts de personnages à droite et de crochets à gauche, comme dans beaucoup d'églises de cette époque du département de la Creuse. Un trumeau partage cette porte en deux baies ogivales à l'extérieur, à plein cintre à l'intérieur. Le tympan assez élevé est creusé dans le haut d'une petite niche divisée antérieurement par une colonnette supportant des arcades en plein cintre et orné au-dessous de cette niche dans laquelle on aperçoit des débris de statuettes peintes, de deux tores grêles d'un effet assez disgracieux.

Cet ensemble de caractère assigne à cette église pour époque de construction la seconde moitié du XII° siècle.

A côté d'une petite porte de service touchant le transept nord et par conséquent du même côté que le portail, une arcade ogivale creuse extérieurement le mur de l'église.

Cet *arcosolium* large d'environ 1ᵐ 70 sur 0ᵐ 60 de profondeur et 0ᵐ80 d'élévation au-dessus du sol extérieur, devait contenir autrefois une statue tumulaire aujourd'hui disparue. Elle reposait sur des draperies sculptées en calcaire montrant l'affaissement que laisse le corps sur le lit funéraire. Un arcosolium s'abaissant jusqu'au sol et sans dalle tumulaire a été construit en dehors du mur entre le précédent et la grande porte d'entrée ; il paraît de même date que le premier; tous deux en effet sont entourés de la même moulure qui cercle les fenêtres de l'église. Les siècles suivants ont ajouté à cet édifice deux chapelles, l'une au-dessous du transept de droite, l'autre au-dessus du transept de gauche. La première, du XVᵉ siècle est dédiée à la sainte Vierge, la seconde en style ogival du commencement du XVIᵉ, était la chapelle des seigneurs du Masgelier.

Enfin le XVIᵉ ou le XVIIᵉ siècle a soudé à l'extrémité occidentale de la nef une grande tour carrée en moellon, un peu plus large que cette nef. Au-dessus s'élève une tour octogone en charpente très élevée, que surmonte un dôme couronné d'un lanternon plein. Sur les quatre angles de la tour carrée, de petites tourelles semblables à la grande servent de passage de la forme rectangulaire à la forme octogone. Cette tour s'ouvre dans la nef par une arcade presque aussi élevée que sa voûte. Elle est aveugle dans la partie inférieure et percée dans le haut au-dessus de la voûte et sur chacune de ses faces de deux petites fenêtres accouplées en plein cintre.

Au fond du transept nord, une pierre tumulaire en calcaire posée sur une base moderne en granit, représente dans ses habits sacerdotaux maître G., curé de Salagnac, et chanoine de Limoges, mort le 13 des kalendes

de décembre 1277, qui, d'après son épitaphe, bâtit l'é-
glise où reposait son corps. Cette église était celle de
Saint-Léobon, solitaire, mort en ce lieu, collatérale à la
grande déjà en ruines à la fin du siècle dernier et dont
j'ai vu disparaître les derniers vestiges en 1851.

Cette église de Saint-Léobon occupait la place plantée
d'arbres dont l'exhaussement au-dessus des terrains en-
vironnants tient à ce que les décombres provenant de sa
démolition n'ont pas été tous enlevés. La base de son
chevet droit et bâti en pierres de grand appareil servit
de mur de soutènement à cette place du côté de l'orient.
En le démolissant pour la régulariser, on rencontra sous
les fondations deux sarcophages en granit qui avaient
été fouillés et ne contenaient plus que de la terre. Ils
étaient en forme d'auge rétrécie vers les pieds, avec em-
placement ménagé pour la tête. Placés à angle droit et
de façon que l'extrémité de l'un d'eux s'appuyait sur le
milieu de la paroi latérale de l'autre, ils étaient en partie
recouverts par une dalle plate sur laquelle étaient gravés
un calice, une patène et un livre, attributs réservés aux
chanoines qui servent Dieu par l'offrande du saint sacri-
fice et par la récitation de l'office public. Tout autour se
sont rencontrés des grains de chapelet en verre opale ou
jaune. L'année suivante, à l'extrémité ouest de l'église
actuelle, on mit au jour en creusant une cave, une grande
quantité de tombeaux semblables, également vides. Ces
découvertes et d'autres plus modernes indiquent que
l'ancien cimetière était situé dans cette région nord et
ouest de l'église et que son origine remontait à une
époque antérieure à la construction de l'église de Saint-
Léobon, puisque son chevet reposait sur deux sarcophages fouillés et déplacés alors.

Il ne reste plus aujourd'hui de cette dernière église
que quelques demi-tambours de colonnes engagées,
formés de faisceaux de colonnettes qu'on trouve placés
en guise de margelles autour de quelques puits et peut-
être le cippe romain provenant du soubassement de son
autel [1]. L'inscription qu'on y lisait est ainsi donnée par
l'abbé Texier [2] :

<pre>
            D M ET M
            CARIGO
                AE VI
            VA PONEN
            DVM CV
            RAVIT
</pre>

Communiquée par une copie fautive à l'abbé Lebeuf,
l'E du mot *ponendum* retourné pour prêter sa haste au
second N de ce mot fit conjecturer à ce savant que cette
inscription n'était pas de la plus haute antiquité.

Crue perdue pendant longtemps, cette inscription serait,
d'après une communication faite à la Société des antiquaires de France en 1817, par Richard (des Vosges),
placée comme moellon dans un mur de soutènement du
clocher. Malheureusement ce mur a été reconstruit en
1867 et l'inscription ménagée lors de la première construction a peut-être été détruite dans la seconde.

En 1745, une ordonnance de l'évêque de Limoges or-
donna la destruction de l'église de Saint-Léobon [3], qui
trois ans auparavant, en 1741, avait été dévastée lors-

1. Duroux, *Essai sur la sénatorerie de Limoges*, 1811.
2. Texier, *Manuel d'Épigraphie limousine*, p. 105.
3. Mém. ms. lim., t. III, p. 164, Bibl. du grand sém. de Limoges.

qu'on pava la grande église des dalles enlevées à celle-ci [1]. Dans cette circonstance, la pierre tumulaire de son fondateur fut déplacée et renversée sur le bas du marchepied de l'autel. C'est là que la retrouva Nadaud et qu'il en releva l'inscription dans le troisième quart du XVIIIe siècle. Sous le premier empire elle fut transportée dans la grande église et, retournée sens dessus dessous, elle servit de marchepied au maître-autel [2]. On achevait à cette époque la destruction de l'église de Saint-Léobon pour construire de ses pierres la maison actuellement occupée par les religieuses du Verbe incarné. Enfin dans les derniers mois de l'année 1830, lorsqu'on remplaça l'ancien autel de pierre par un autel de marbre, accordé par le roi Charles X, elle fut placée où nous la voyons aujourd'hui, au fond du transept nord, par les soins éclairés de M. l'abbé Grenat, curé-doyen du Grand-Bourg-de-Salagnac, qui en assura ainsi la conservation.

Ces détails puisés dans le Pouillé du diocèse de l'abbé Nadaud et les souvenirs des contemporains ne sont pas oiseux, ils empêcheront désormais de confondre entre elles les deux églises du bourg de Salagnac [3] et celle qui subsiste aujourd'hui recevra de ses caractères architectoniques la véritable date de sa construction, la seconde moitié du XIIe siècle.

La pierre tumulaire en calcaire de maître G., représente en relief un prêtre dans l'attitude du sommeil. Sa

1. Nadaud, Pouillé ms. 1758, *ibid*.

2. Legros, Suppl. aux vies des Pères, etc., t. III, ms. du grand séminaire de Limoges.

3. Texier, *loc. cit.*, p. 195.

tête appuyée sur un coussin est dominée par un dais à arcatures ogivales délicatement et profondément fouillées. Une large tonsure n'a laissé sur son front que de courts cheveux bouclés. Ses mains croisées sur sa poitrine sont gantées ; à son cou est pendue une croix à double traverse.

La longue aube dont il est revêtu est recouverte d'une chasuble antique que ses bras relèvent des deux côtés, en plis gracieux et qui se termine autour du cou par un col rabattu. L'étole et le manipule sont à peine élargis par le bas. Les pieds reposent sur un dragon dont la tête a disparu.

Cette statue grande comme nature est d'un ciseau habile.

Sur la tranche de la pierre se lit l'inscription suivante, gravée en gothique arrondie sur une seule ligne, et en partie cachée aujourd'hui :

HIC. JACET. MAGR̄ : Ḡ : CAPLLS : DE SALAN. CAN. LEM. QI. EDIFICAVIT. ECCLĀM. ISTĀ. QI. OBIIT : XIIIᵒ K̄L DECĒB. AN DĪ MCCLXXVIIᵒ CUJ. ĀIA REQIESCAT. Ī. PACE. DICATIS PAT. NOST. [1].

Ci gît maître G. curé de Salagnac, chanoine de Limoges, qui a bâti cette église et qui est mort le 13 des calendes de décembre de l'an de N. S. 1277. Que son âme repose en paix. Dites pour lui un Pater noster.

L'église Saint-Léobon avait donc été construite un siècle après l'église paroissiale.

Un monument autrement rare et intéressant est une chaire qu'on voit aujourd'hui sous un vieux et beau tilleul

---

1. Nadaud, Pouillé ms. au mot Salagnac, Texier, *Manuel d'épigraphie limousine,* p. 195.

près du portail de l'église paroissiale. Son lieu de provenance était resté jusqu'ici incertain [1]. Il résulte d'une communication faite le 22 novembre 1816 à la Société des Antiquaires de France, par Richard (des Vosges), membre de cette société et contrôleur des contributions à Guéret, qu'elle vient de cette église de Saint-Léobon [2].

Cette chaire en forme de demi-tambour de colonne est taillée dans un seul bloc de granit. Sa hauteur est de 0m 95; la longueur de sa plate-forme de 1m 50; sa largeur de 1m 25. La base est ornée d'un socle de 0m 17 de saillie, le sommet d'un abaque à huit pans dont sept sont égaux et très petits, et le huitième occupe le côté plat tout entier.

Du pan du milieu, sur la face convexe du tambour part un petit escalier. Ses marches, au nombre de six, n'ont guère plus de 0m 07 de hauteur, à l'exception de la sixième qui est plus élevée et occupe toute la hauteur de l'abaque. Leur largeur est de 0m 22 ; leur longueur de 0m 32. Elles sont aujourd'hui fortement usées.

La plate-forme, parfaitement plane et horizontale, montre la trace d'anciens crampons et une rainure assez profonde comme si une balustrade avait été fixée autour.

Les auteurs qui en ont parlé n'ont su ni reconnaître la destination ni l'époque de ce petit monument. Barailon, qui le cite en passant sans l'avoir visité écrit qu'il « pouvait

1. *Mém. soc. des sc. nat. et arch. de la Creuse*, t. III, p. 330, 1864. *Revue soc. savantes*, VIe série. t. VI, p. 170, 1877.

2. Le ms. que je viens d'acheter à un libraire de Paris est intitulé : Lettre à M. ***, sur un monument trouvé dans les ruines de la chapelle Saint-Léobon, commune du Grand-Bourg (Creuse). Il y est surtout question de l'inscription du cippe de CARIGO.

servir tout à la fois et aux sacrifices et aux prêches [1]... »
Richard, après avoir dit qu'il « ne partage pas l'opinion
des personnes qui pensent que cette pierre a dû être un
autel druidique », ajoute plus loin : « Ne pourrait-on pen-
ser qu'après avoir été la base d'une statue romaine, il
aura eu la même destination lors de l'établissement du
christianisme et sans lui chercher une origine si éloignée,
croire qu'il a servi de piédestal à la statue de saint Léobon
des ruines de la chapelle duquel il a été tiré, ou de chaire à
prêcher avant qu'on en fît en bois, ce qui serait conforme,
quant à ce dernier usage, à ce qu'en a dit Baraillon. »
Richard, il est facile de le voir, n'avait pas d'idées arrê-
tées sur ce monument qu'il ne décrit pas et qu'il paraît
avoir peu étudié, car après avoir dit que « les contours
de ses moulures, sa forme, le font remonter à l'époque
romaine », il le recule en terminant jusqu'au moyen âge
et le regarde comme étant en marbre tandis qu'il est en
granit à mica foncé du pays. C'est évidemment au
moyen âge qu'il faut le rapporter, mais il ne fut ni un
autel ni la base de la statue de saint Léobon mais bien
l'*ambon* ou chaire de l'église dédiée à ce saint local.

De proportions restreintes, cette église n'eut certaine-
ment qu'un seul ambon, placé suivant l'usage entre le
sanctuaire et la nef, ce que démontre le système d'orne-
mentation qui règne tout autour. C'était là qu'au jour de
sa fête se lisait la vie de ce saint qu'au rapport de Bernard Gui on conservait dans ce lieu « *hujus gesta præclara
habentur ibidem (in Burgo Castri Salaniaci)* [2].

---

1. Recherches sur divers monuments, etc., p. 267, 1806.
2. Bern. Guidonis, *Tractus de SS., qui ornant Lem. diœc.* Apud
Labbe, t. 1, p. 634.

Au moment de la Révolution, cet ambon servait à la criée de la dîme. Maintenant on y dépose les cercueils apportés de la campagne avant leur entrée dans l'église. C'est cette dernière destination qui l'a préservé de la destruction.

Saint Léobon habita longtemps un ermitage près de Fursac, dont il paraît avoir été originaire [1]. Plus tard, persécuté, il se réfugia au bourg de Salagnac, à trois lieues de là, et y mourut vers l'an 530, d'après la conjecture du P. Bonnaventure de Saint-Amable [2]. Au temps de Geoffroy du Vigeois et au siècle de Bernard Gui, on y possédait ses reliques. Un manuscrit de la cathédrale de Limoges, cité par Nadaud, disait que son chef y était vénéré en 1405 [3].

Si l'on en croit une légende du pays, ce n'aurait été que grâce à un miracle que ces reliques seraient restées au bourg de Salagnac. Elles étaient convoitées par les habitants de Fursac qui, une nuit, pénétrèrent dans l'église, les enlevèrent et les placèrent sur un char. Mais à peine avaient-ils fait un quart de lieue que les cloches de l'église dépouillée se mirent à sonner à toute volée sans le secours d'aucun bras, et les habitants réveillés se mirent à la poursuite des ravisseurs et trouvèrent le char arrêté sous un chêne. Au son des cloches les bœufs s'étaient arrêtés et tous les efforts faits pour les faire repartir furent vains, leurs pieds s'étant incrustés dans le rocher sur lequel ils passaient alors. Le corps sacré fut rapporté en triomphe au bourg de Salagnac.

1. Nadaud, Mém. ms. lim., t. III, p. 163.
2. Bonn. de Saint-Amable, t. III, p. 178.
3. Legros, *Suppl. aux vies des Pères,* etc., t. III, p. 1266. Ms. du grand séminaire de Limoges.

Les rapts de ce genre étaient fréquents à cette époque et les détails de celui-ci se racontent ailleurs pour d'autres saints. La trace des pieds des bœufs était plus qu'indécise lorsqu'on me l'a montrée en 1845. Aujourd'hui le rocher a disparu dans l'ouverture de la route de Fursac qui passe en déblais au-dessous : bientôt la légende disparaîtra comme cette pierre, c'est ce qui m'a engagé à la recueillir ici.

Le culte rendu à saint Léobon n'était pas limité au Grand-Bourg-de-Salagnac où chaque année, le 13 octobre, se rend une foule de pèlerins, « sa fête est insérée dans le bréviaire de Périgueux de 1559 et de Bourges de 1734, dans le calendrier du rituel d'Angoulême de 1582 et dans celui du missel de cette ville de l'an 1566. On trouve une prose en son honneur dans le missel de Limoges imprimé en 1483 [1]. » Plusieurs auteurs limousins ont publié sa vie et les miracles obtenus par son intercession.

1. Legros, *Suppl. aux vies des Pères*, etc., t. III, p. 1266. Ms. du grand sém. de Limoges.

Châteauroux. — Typographie et Stéréotypie A. NURET et FILS.

9 782019 922610